TRANSFORMATION D'ALGER

COMMISSION DES TRAVAUX ET DES FINANCES

RAPPORT

CONVENTION

ANNEXES

ALGER

IMPRIMERIE ORIENTALE, P. FONTANA ET COMPAGNIE, RUE D'ORLÉANS, 29

1899

RAPPORT

Messieurs,

Avant d'aborder l'examen des propositions qui nous sont faites par notre concitoyen M. de Redon, votre Rapporteur estime qu'il convient de signaler une fois de plus à la population algéroise, que le Conseil actuel ne saurait être responsable des actes de la Municipalité précédente qui, par sa mauvaise administration, a porté dans les affaires communales une gêne et un malaise qui ont compromis l'avenir de la Cité.

Aucun de vous, en effet, n'ignore quelle lourde succession nous ont léguée nos prédécesseurs à l'Hôtel de Ville. Ils avaient promis de l'eau, et la ville est encore assoiffée ; ils avaient promis du travail, et le chômage est général depuis de longues années, sans compter que la caisse est absolument vide et que la vie municipale se trouve, de ce fait, en partie suspendue.

Sans doute, c'est là un héritage voisin de la faillite, mais, avec de la bonne volonté, et, le nouveau Conseil, je le dis à son honneur, est loin d'en manquer, il est encore possible de remonter le courant et de donner à Alger la prospérité qui lui fait défaut.

Vous êtes saisis de propositions fermes pour la fourniture de l'eau : espérons qu'elles aboutiront à bref délai et que cette question capitale sera bientôt résolue à la grande satisfaction de la population.

Quant au travail, il affluera pour tous les corps d'état et pour une longue durée, avec la vente intégrale des terrains des fortifications, dont M. de Redon demande à faire l'acquisition aux clauses et conditions dont l'exposé va suivre.

L'Etat, comme vous le savez, par la convention du 27 novembre 1891, ratifiée par la loi du 29 mars 1893, cédait à la ville une surface totale de terrains s'élevant à 314,506 mètres carrés, soit 31 hectares, 15 ares, 06 centiares. De cette surface, étaient déduits deux septièmes, représentant la voirie à établir, ce qui réduisait la superficie totale à bâtir à 223,656 mètres carrés, soit 22 hectares, 36 ares, 56 centiares.

Cette cession était consentie moyennant la somme de dix millons à laquelle il y avait lieu d'ajouter celle de 1,470,000 francs pour frais de dérasement de la fortification, ce qui faisait un total de 11,470,000 francs.

Cette cession, disons-le tout de suite, bien que recherchée et désirable, constituait une opération désastreuse. La ville. payait dix millions de terrains qui en valaient à peine cinq, et contractait de ce chef des obligations financières qui l'écrasent encore aujourd'hui et auxquelles il ne lui sera possible de faire face qu'avec une aliénation prompte, avantageuse et totale de ces terrains.

Lorsque nous avons sollicité des électeurs le mandat de siéger à l'Hôtel de ville, nous avons, il est vrai, inscrit dans notre programme l'engagement de mettre en vente progressivement et par adjudication publique, ces terrains des fortifications et, fidèles à cet engagement, nous avons tenté, rue d'Isly, des essais dont les résultats n'ont pas répondu à nos espérances et qui nous ont amenés à chercher une solution meilleure pour l'aliénation du domaine municipal.

La Ville, en effet, dans la situation qui lui est faite, ne peut, sachons le reconnaitre, Messieurs, procéder par petits lots à l'aliénation d'une si grande superficie de terrains ; c'est le système des petits paquets et elle ne saurait le mettre en pratique sans nuire à ses intérêts. Il ne lui est donc possible de sortir de la difficulté qui l'étreint qu'en recourant à une opération d'ensemble, bien conçue, complète, et c'est la solution qui a prévalu au sein de vos deux Commissions des Travaux et des Finances, qui m'ont fait l'honneur de me charger de vous présenter ce rapport.

M. de Redon est arrivé à point pour nous faire des propositions dans ce sens ; il offre en effet, d'acheter la totalité de nos terrains disponibles au prix initial de dix millions, c'est-à-dire au prix que la Ville les a payés à l'autorité militaire, après déduction, bien entendu, des parties aliénées ou conservées par la Ville pour ses propres besoins.

Nous avons accueilli ces propositions qui répondaient à nos désirs et avons procédé d'urgence à leur étude complète, étude que nous a facilitée d'ailleurs, M. de Redon, par la grande clarté qu'il a apportée dans l'exposition de son projet et par les documents de toute nature, tels que plans, devis, etc., qu'il a placés sous nos yeux et qui sont annexés à ce projet.

Grâce à l'exposé clair qui, comme je viens de le dire, en a été fait à nos Commissions, au cours des longues et laborieuses séances qu'elles ont tenues, en vue de l'étude approfondie de cette affaire, il m'a été possible, après m'être inspiré du sentiment général de mes collègues, de vous apporter dans un délai relativement court, un rapport aussi documenté sur une question de cette importance et paraissant très grosse, vue en bloc, mais d'une simplicité réelle, examinée dans les détails.

Toute l'économie du projet de M. de Redon tient en effet, dans les quelques pages de la convention qu'il a soumise à l'examen du Conseil et qui est divisée en deux parties.

La première est relative aux terrains provenant du domaine militaire acquis par la Ville.

La seconde comprend :

La transformation du quartier de la Préfecture ;

Le prolongement du Boulevard de la République du côté Bab-Azoun ;

La construction d'un boulevard à Bab-el-Oued par une emprise sur la mer ;

La concession de terrains militaires complémentaires des côtés Bab-el-Oued et Bab-Azoun ;

Le déplacement des bastions 2 et 14.

A cette convention sont joints les plans et devis du projet ainsi que divers documents explicatifs qui en rendent la lecture facile, tant ils sont complets ; elle sera l'objet d'une étude spéciale, après que nous aurons procédé à l'examen technique du projet dans toutes ses parties.

En première ligne, se placent dans cette opération vaste et grandiose, les projets d'alignements en ce qui concerne l'utilisation des terrains militaires. Etudiés avec un soin minutienx, ils ont l'avantage de supprimer toutes les rues à escaliers qu'ont comportés jusqu'à ce jour, les divers projets adoptés en principe par nos prédécesseurs, tout en étant conçus en prévision de l'avenir. Aussi votre Commission n'hésite-t-elle pas à vous en proposer l'adoption.

Viennent ensuite les projets de lotissement dont la conception ne laisse également rien à désirer.

Ainsi, du côté Bab-el-Oued, trois grandes artères variant de 16 à 20 mètres de largeur, forment la base du lotissement dans le sens du mouvement, c'est-à-dire dans la direction de Bab-el-Oued. Elles sont coupées perpendiculairement par des rues de 8 et 10 mètres de largeur, aboutissant toutes à la mer. Le nivellement est très régulier; l'écoulement des eaux se fera dans d'excellentes conditions.

La surface de voirie est de 4,565 mètres carrés supérieure à celle des 2/7es concédés par la convention, mais cette augmentation n'entraînera aucune dépense nouvelle, parce qu'elle trouvera ultérieurement sa compensation dans le déplacement du bastion 2, dont il sera parlé plus loin.

Deux lots ont été réservés sur cette partie du domaine municipal, ce sont: le n° 19, d'une superficie de 1,425 mètres carrés, destiné à la construction d'un groupe scolaire et le lot n° 28 de 488 m. 14 de superficie, sur lequel sera édifié un poste de pompiers.

Il a été également réservé dans le lot n° 2 dit « des Carrières », une superficie de 1,000 mètres carrés pour l'établissement de l'école des Sourds et muets.

Ces divers lots réprésentent une superficie totale de 2,913 m. 14, ayant une valeur de 111,361 fr. 35.

Ils ont été réservés sur les propositions d'une commission spéciale, désignée à cet effet et remplissent, tant comme surface que comme position, toutes les conditions désirables pour l'usage auquel ils sont destinés.

Du côté de Bab-Azoun, M. de Redon conserve le lotissement des terrains de la rue d'Isly, mais prolonge la Rampe Bugeaud jusqu'au boulevard militaire.

La rue Michelet est, dans ces conditions, mise en communication directe avec la rampe Bugeaud, Le croisement de ces deux rues produira une perspective du plus bel effet.

Le nivellement du boulevard militaire que M. de Redon propose d'abaisser aura pour résultat très appréciable de rendre carrossable toute la partie comprise entre l'ancienne porte d'Isly et la rue Saint-Augustin.

La porte d'Isly disparaît complètement dans le projet. Sa démolition ne rencontrera pas de difficultés, puisqu'elle fait partie intégrante de la fortification dont le dérasement a été prononcé par la loi du 28 mars 1893 et qu'aucune loi n'est intervenue depuis pour en ordonner le maintien.

Enfin la route de Constantine vient aboutir directement au boulevard de la République

Comme pour le côté Bab-el-Oued, les rues à escaliers prévues à l'ancien projet municipal disparaissent toutes et l'accès devient carrossable pour toutes les rues partant de la rue Michelet et aboutissant perpendiculairement à la route de Constantine (rue Sadi-Carnot).

La superficie de voirie est aussi supérieure de 5,124 m. 30 aux 2/7es de la Convention, mais elle sera compensée comme pour Bab-el-Oued, par le déplacement du bastion 14.

Les lots réservés de ce côté par la Ville sont au nombre de 4.

Ils portent, sur le n° 14 ; d'une superficie de 2.774 m. 50, sur lequel sera construite l'École de la Ligue de l'Enseignement ; sur le n° 29, de 1,392 m. 60 destiné à recevoir un Groupe Scolaire ; sur le n° 15, pour une superficie de 600 mètres carrés, du côté nord, pour la construction d'une Justice de Paix.

Enfin sur le n° 31, d'une superficie de 115 m. 22, où sera édifié un Poste de Pompiers.

L'addition de ces superficies donne un total ne 4,882 m. 32 représentant une valeur de 269,729 fr. 60.

Quartier de la Préfecture.

Au sujet de la transfoemation du quartier de la Préfecture, M. de Redon a fait à la Commission la déclaration suivante :

« Il faut faire table rase. Un remaniement partiel, étant donnés le relief du terrain et la nature des constructions de ce quartier, constituerait certainement une opération plus onéreuse qu'une transformation radicale et serait bien loin d'avoir à tous les points de vue les avantages d'un remaniement complet.

« L'artère principale a 25 mètres de largeur, coupant le quartier par le milieu.

« Cette avenue est le prolongement du boulevard de la République en ligne droite ; elle suit la ligne de plus grande pente des eaux ; la direction est Nord-Sud.

« Au centre de l'avenue, serait édifié l'Hôtel de la Préfecture, car c'est quoiqu'on en dise dans ce quartier que doit rester la Préfecture.

« La construction de cet important immeuble dans le quartier, constitue un des principaux éléments de réussite de l'opération. »

La Commission a reconnu en effet que la construction de la nouvelle Préfecture dans le quartier où elle se trouve aujourd'hui, constitue effectivement un des éléments importants de réussite de la transformation de ce quartier. Elle a par suite, été d'avis qu'il y avait lieu d'abandonner la combinaison pendante entre le Département et la Ville pour la vente, à l'esplanade Bab-el-Oued, du terrain destiné à l'édification de la nouvelle Préfecture.

Le Conseil partagera, nous n'en doutons pas, cette manière de voir qui a l'avantage de ne porter aucune atteinte à l'embellissement de la Ville et de faciliter, comme c'est d'ailleurs son devoir, à la Société qui va entreprendre ces grands travaux, tous les moyens de réussite en son pouvoir.

Abordant ensuite la question des mosquées, M. de Redon ajoute :

« L'avenue projetée fait disparaître la mosquée Hanéfi qui serait reportée dans la ville arabe ; le déplacement de cette mosquée soulèvera certainement quelques critiques. Mais, après examen attentif de l'état des lieux, on est en droit de se demander si, pour conserver cet édifice qui ne ressemble à quelque chose que lorsqu'il est illuminé — une fois ou deux par an — la population doit être condamnée à supporter à perpétuité les inconvénients nombreux qui sont la conséquence de la position dans laquelle elle se trouve ».

« Quoiqu'il en soit, et jusqu'à ce qu'une solution radicale soit obtenue, nous proposons une variante qui, peut-être, mettra tout le monde d'accord.

« Cette variante consisterait à ne commencer la transformation du quartier qu'à la limite de la rue A, c'est-à-dire à la hauteur de la mosquée Hanéfi et du Palais Consulaire; le temps fera le reste.

« Cependant, nous ne pouvons nous empêcher de trouver bien singulière cette idée de ne pas vouloir toucher aux mosquées de la place du Gouvernement et de la rue de la Marine.

« C'est en 1886 que ces deux édifices, sans qu'on y prit garde et sans qu'aucune enquête publique ait été faite, furent classés parmi les monuments dits « historiques », sous la classification nouvelle de *monuments arabes*.

« Cette « classification nouvelle» à elle seule, suffirait à établir combien étaient peu convaincus, des mérites historiques et artistiques de ces mosquées, les promoteurs de cette mesure de conservation aussi peu artistique qu'historique. Nous serions d'ailleurs curieux de savoir quelles peuvent bien être les raisons artistiques et surtout les données histcriques qui ont permis de motiver ce classement? La loi que nous avons sous les yeux est absolument muette à ce sujet.

« La même loi classe également la maison du Kasnadji (palais archiépiscopal), la « Dar-Souf » (ancienne Cour d'Assises) et la maison de Mustapha-Pacha (musée), pour ne citer que ces trois monuments.

« Nous comprenons que l'on ait classé l'ancienne Cour d'Assises, le Musée, le Palais archiépiscopal ; l'intérieur de ce dernier est réellement merveilleux,

« Nous aimons ce qui est beau, mais vraiment nous nous demandons ce qu'ont d'intéressant les murs intérieurs et extérieurs des deux mosquées, surtout si nous les comparons à celles de Tlemcen.

« Nous nous demandons ce que l'art a à gagner à laisser où elles se trouvent ces deux mosquées, tandis qu'il serait si facile de les reconstruire, identiquement pareilles, dans la Ville arabe.

« Aujourd'hui, la population indigène, refoulée dans le haut de la Ville, n'est nullement hostile au transfèrement dans la Casba de ces deux mosquées ; elle y trouverait, au contraire, de nombreux avantages. Tous les Indigènes sensés que nous avons consultés — ceux, en un mot, qui ne font pas profession de fanatisme dans le but de se donner un certain relief — nous ont dit qu'ils préféraient, aujourd'hui qu'ils ont abandonné le bas de la Ville, voir transférer les mosquées Hanéfi et Maléki à proximité de leurs demeures.

« Si cela était nécessaire, nous reprendrions plus en détail l'examen de cette question, documents et plans à l'appui,

« Qu'il nous suffise de dire, pour le moment, que ces mosquées n'ont, au point de vue artistique, aucune valeur, surtout si on les compare à la mosquée Sidi-Abderrhaman, située derrière le Jardin Marengo.

« Aussi, espérons-nous qu'on ne sacrifiera pas plus longtemps le développement et l'assainissement du quartier de la Préfecture, au maintien d'édifices qui, quoi qu'en puissent dire les amateurs de *choses arabes*, ne rappellent ni un souvenir, ni un style quelconque.

« Nous ne supposons pas enfin, qu'on ait l'intention de garder à perpétuité le trou béant de la Pêcherie dont les émanations, l'été et même l'hiver, constituent un véritable foyer d'infection.

« En résumé, nous ne demandons point la disparition définitive des mosquées, mais simplement leur déplacement et leur reconstruction identique dans la ville arabe où elles seront réellement bien à leur place. »

Sur ce point, également, votre Commission s'est trouvée d'accord avec M. de Redon. Et l'on ne saurait voir, dans cette opinion de la Commission, un sentiment quelconque d'hostilité vis-à-vis de la population musulmane.

Avec le temps, les villes, tout comme les événements, prennent des aspects différents : d'ailleurs, d'autres mosquées, dans le bas de la ville, ont disparu ; celle qui s'élevait à l'emplacement qu'occupe aujourd'hui l'hôtel de la Régence en est la preuve. Laissons donc le temps faire son œuvre et suivons-le dans sa marche que rien ne saurait arrêter.

Parallèlement à cette première artère principale, dont le prolongement est subordonné, ainsi qu'il vient d'être dit, à la disparition de la mosquée Hanéfi, sont ouvertes des rues aboutissant à la mer et permettant à la brise du nord de pénétrer dans la Ville. Une de ces rues se trouve dans le prolongement de la rue Bab-Azoun et permet l'aération dans toute cette partie de la ville, aujourd'hui complètement masquée par les constructions du quartier de la Préfecture.

La seconde artère principale est constituée par la rue Bab-el-Oued ouverte à 15 mètres de largeur, en ligne droite, depuis le Lycée jusqu'à la place du Gouvernement.

Une série de rues perpendiculaires à la grande avenue complètent l'ensemble des nouveaux alignements, et viennent toutes aboutir à la mer.

Ce tracé fait disparaître totalement la bute du quartier dont le point culminant se trouve en haut de l'impasse de la Révolution et donne ainsi un nivellement aussi avantageux que possible.

Un emplacement de 3,000 mètres carrés est réservé à l'intersection des rues Bab-el-Oued nouvelle et ancienne, en façade sur la place du Gouvernement pour y construire une Mairie qui serait ainsi tout-à-fait au centre de la Ville et en bordure sur une grande place.

Le Palais Consulaire pourrait être agrandi et doublé, et aménagé en vue de recevoir le service des Postes et Télégraphes ; tel qu'il est, cet immeuble ne répondra plus dans quelques années, aux besoins toujours croissants de la population, étant donné surtout qu'il ne peut supporter l'augmentation d'étages supplémentaires.

Quant à la Bourse, sa place, dans quelques années, sera tout indiquée à Bab-Azoun où se portera naturellement le gros commerce, tant par le fait de la construction de l'arrière-port que par les grands travaux projetés de ce côté par M. de Redon.

En ce qui concerne la Mairie, M. de Redon nous a fait connaître qu'il nous présenterait une combinaison au moment où les travaux de transformation du quartier de Préfecture commenceraient ; mais, ce n'est là qu'une proposition qui, pour le moment, n'engage la Ville en aucune façon.

Ce n'est pas tout ; M. de Redon complète la transformation de ce quartier par la construction d'un Casino au boulevard des Palmiers, sur l'emplacement du bastion n° 23, qu'il agrandit de 7.000 mètres carrés par une emprise sur la mer. Voilà d'ailleurs ce qu'il dit à ce sujet, dans son exposé :

« Nous avons choisi cet emplacement parce qu'un Casino, dans une ville comme Alger, doit être autant que possible au centre de la cité et surtout en communication directe avec la mer.

« Placé sur le bord de la mer, il profitera, durant l'été, aux habitants du pays, car j'estime qu'il faut bien songer aussi à eux et pas toujours, comme on paraît trop enclin à le faire, à l'élément cosmopolite de passage qui, d'ailleurs habite, pour la majeure partie, les hauteurs de Mustapha. »

Enfin, il a été réservé une surface de 1.500 mètres carrés pour la construction d'un Groupe scolaire.

Ainsi tranformé, le quartier donne une augmentation de voirie de 15.700 mètres.

M. de Redon avait proposé à la Commission deux projets d'alignements de ce quartier ; l'un mettant la Préfecture sur une grande place, au centre du quartier, l'autre la plaçant en façade sur la grande avenue.

La Commission a préféré adopter ce second tracé, qui dégage beaucoup mieux le quartier et qui a, de plus, l'avantage de diminuer la surface de voirie d'environ 2.400 mètres, réalisant ainsi une économie appréciable.

Tel est, dans ses grandes lignes, le projet de transformation du quartier de la Préfecture.

Prolongement du Boulevard de la République
du côté Bab-Azoun.

Par le déplacement du bastion n° 2, le boulevard peut être prolongé jusqu'au champ de manœuvres de Mustapha.

Une première partie, environ 500 mètres de longueur, serait d'abord construite ; elle s'étendrait jusqu'à hauteur du carrefour de l'Agha.

Dans le sous-sol du boulevard, M. de Redon établira, indépendamment des voûtes, d'immenses caves pour y entreposer des vins. Son idée, que je qualifierai d'ingénieuse et qui mérite d'attirer notre attention, est de créer à Alger une sorte de Bercy-Algérien d'un genre nouveau.

Son but est de mettre en mains des producteurs, l'outil qui leur manque, à savoir : des caves de 8 m. 50 de hauteur avec des murs ne 1 m. 50 d'épaisseur et de créer a Alger, centre de la Colonie, une industrie qui donne de si gros bénéfices au marché de Bordeaux.

Le prolongement du boulevard, tel qu'il le projette, nécessite le déplacement de la voie ferrée, qu'il fait passer en tunel derrière les caves, sous la rue parallèle au boulevard.

Des rampes d'accès et des ascenseurs mettent le boulevard en communication avec les quais de l'arrière-port actuellement en construction

Construction d'un boulevard à Bab-el-Oued par une emprise
sur la mer.

Les émanations aussi désagréables que malsaines dont la cuvette formée par l'Oued M'kacel est le foyer et qui se répandent sur la ville, surtout lorsque souffle la brise du Nord, ont suggéré à M. de Redon l'idée de faire un front de mer partant de la fortification et allant aboutir à la Consolation.

Ce projet véritablement grandiose a le double avantage de gagner sur la mer une grande étendue de terrain propre à la construction et d'assainir en même temps que le faubourg Bab-el-Oued, la Ville même d'Alger.

Il modifie de fond en comble le nivellement de ce quartier ; la cote est en effet de 14 mètres à la fortification et de 6 mètres 50 centimètres à la Consolation.

La surface gagnée sur la mer par cette opération est de 74,368 mètres carrés.

Sous le boulevard qui constitue le front de mer, passerait en tunnel, le chemin de fer départemental d'Alger à Coléa ; le passage actuellement en construction devra dés lors être déplacé. M. de Redon nous a déclaré qu'il avait prévu cette solution, il y a 15 ans quand il a été question de faire arriver à Alger le chemin de fer de Blida-Laghouat.

J'appelle, Messieurs, toute votre attention sur cette partie spéciale du projet de M. de Redon, car elle constitue au point de vue de l'assainissement de la Ville une importance tout-à-fait exceptionnelle.

La viabilité en effet de ce quartier est presqu'égale à la superficie à bâtir, en raison des larges voies qui y sont pratiquées.

Presque parallèlement au boulevard du front de mer qui a une largeur de 20 mètres, est tracée une avenue de 25 mètres de large, en prolongement de l'avenue Bab-el-Oued et aboutissant à l'hôpital du Dey. Des rues perpendiculaires au front de mer complètent l'ensemble du tracé.

Votre Commission a réservé sur cette emprise un lot de 3.980 mètres carrés de superficie pour y établir un Palais des Beaux Arts et Musée.

Dans ce quartier, M. de Redon réserve un grand ilôt pour une manufacture de tabacs : voici du reste ce que dit à ce sujet l'auteur du projet dans son exposé :

« Il y a quelques années, un des inspecteurs généraux du service des tabacs, M. Régnault ayant constaté que nos produits algériens étaient très propices à la fabrication du tabac à priser dont les Orientaux sont très amateurs, eut l'idée de proposer à l'Etat d'installer à Alger une manufacture de tabacs dans laquelle, indépendamment de la fabrication en grand du tabac à priser, auraient également été fabriqués : cigares, cigarettes, etc.

« Cette manufacture devait être aménagée dans l'intérieur de l'Arsenal. Des pourparlers furent engagés avec la Ville, ils n'aboutirent malheureusement pas ; il nous semble que la question pourrait être utilement reprise.

« La manufacture installée dans ce quartier essentiellement ouvrier y serait bien à sa place,

« Elle pourrait occuper 1,500 à 2,000 ouvriers des deux sexes, y compris des enfants.

« Dans un pays comme le nôtre et surtout dans une ville comme Alger où, en réalité, il n'existe à proprement parler aucune industrie importante, il nous a paru que la création d'une manufacture de tabac ne pourrait avoir que des conséquences avantageuses pour tous, aussi, pensons-nous qu'il est opportun de faire revivre l'heureuse idée de M. Régnault. »

La superficie réservé à la manufacture de tabacs serait de 6,879 mètres.

Le Conseil reconnaîtra, comme l'a déjà fait la Commission, que M. de Redon n'a rien omis dans l'œuvre remarquable qu'il a produite ; tout à été prévu jusque dans les moindres détails, aussi bien au point de vue de la distribution des terrains, qu'à celui de l'esthétique et de l'hygiène.

Le quartier du faubourg Bab-el-Oued, tel qu'il est conçu dans le plan qui nous est soumis, est appelé à devenir un des plus beaux centres de la ville.

Concession des terrains militaires complémentaires provenant des bastions 2 et 14.

Le déplacement des bastions 2 et 14 est encore une des idées heureuses de M. de Redon.

Ces bastions reportés en avant, sur la mer, permettent, comme on l'a déjà vu, de développer la ville à droite et à gauche sur de vastes parties planes. D'autre part, ils auront l'avantage, tout en ne modifiant en rien le système de défense de la place, de mettre en valeur de nouvelles superficies de terrains que la Ville partagera avec la Société.

Avec le déplacement dont il s'agit, on obtient du côté de Bab-el-Oued une superficie totale de 26,715 m. 16, dont 11,955 m. 80 de terrains à bâtir et 14,759 m. 36 de voirie.

Du côté Bab-Azoun, 17,441 m. 33, dont 12,559 m. 56 de terrains à bâtir et 4,881,77 de voirie.

Telles sont, Messieurs, au point de vue technique, les grandes lignes du projet de M. de Redon que votre Commission m'a chargé de soumettre à votre approbation.

Convention.

La convention que nous a soumis M. de Redon constitue un document d'une importance capitale qui doit être examiné avec le soin le plus minutieux et dans ses moindres détails. C'est, pour ainsi dire, la clef de voûte, par la raison bien simple qu'elle constitue le contrat qui doit lier la Ville à M. de Redon pour l'exécution de son projet.

L'exemplaire imprimé que vous avez tous reçu de ce document vous a permis de constater que cette convention est divisée en deux parties : l'une portant exclusivement sur les terrains provenant du dérasement des fortifications et formant aujourd'hui partie intégrante du domaine communal et que la Ville peut, dès lors, aliéner à sa guise et n'importe à quel moment ; l'autre, embrassant les autres parties du projet devant nécessiter une série importante de formalités administratives et présentée, pour cette raison, sous forme d'avenant.

Cette conception très simple a le double avantage d'être régulière et de permettre de commencer les travaux sur les terrains militaires dans un avenir prochain et sans avoir besoin d'attendre que les formalités qui vont être remplies pour les parties comprises dans l'avenant soient terminées.

Par cette convention qui a le mérite d'être aussi concise que claire, la ville cède à M. de Redon les terrains des fortifications au prix qu'elle les a payés ; elle en déduit ceux qu'elle a vendus ainsi que ceux qu'elle se réserve pour certains services publics, tels que groupes scolaires, postes de pompiers, Ligue de l'Enseignement, etc. Le paiement en est fait en dix annuités, par semestre et d'avance, aux époques des 30 juin et 31 décembre de chaque année.

A titre de garantie, la société qui sera substituée à M. de Redon, s'engage à déposer à la Caisse municipale, un million de cautionnement.

Elle s'engage également à exécuter les travaux de voirie compris dans le projet, moyennant un rabais de 15 0/0 sur le bordereau actuellement en vigueur.

La clause relative à l'exécution des travaux de voirie n'a pas été proposée par M. de Redon, ainsi qu'il l'a déclaré, dans le but d'avoir une sorte de monopole, mais uniquement pour que la Société ne soit pas arrêtée dans ses travaux, et en vue d'éviter qu'il ne se produise, comme cela se voit souvent, toutes sortes de fausses manœuvres qui auraient pour résultat de remuer inutilement plusieurs fois les mêmes terres. On ne peut donc voir dans cette clause que le désir de réaliser une économie de temps et une économie d'argent, sans compter la suppression de nombreuses formalités.

D'ailleurs, la Société devant, d'après M. de Redon, faire faire tous ses travaux à l'adjudication, ce monopole n'est pas à craindre et votre Commission n'a pas cru devoir insister outre mesure sur ce point, en raison de la facilité laissée à la commune, de ne régler ces travaux qu'à l'époque du paiement de l'annuité et seulement jusqu'à concurrence de la somme de 300,000 francs par an.

Les articles de cette convention ont été tous discutés l'un après l'autre et grâce à certaines modifications acceptées par M. de Redon, il a été apporté à ce contrat des améliorations importantes, qui, tout en ne changeant rien à son économie générale, le bonifient au point de vue des intérêts de la Ville.

C'est ainsi qu'à l'article 4, il a été ajouté le paragraphe suivant :

« Cette annuité sera payable d'avance et par semestre, le 30 juin et le 31 décembre de chaque année. »

A l'article 5 : « Le délai de 6 mois accordé à M. de Redon pour constituer la Société a été réduit à 4 mois. » Enfin l'article 14 : « Le compte des travaux ainsi exécutés viendra en déduction du montant de l'annuité fixée à l'article 4 » a été complété comme suit : « sans que cette annuité puisse être supérieure à la somme de 300.000 francs. »

Avenant.

L'Avenant, n'a à proprement parler, subi aucun changement ; seule la rédaction de quelques articles a été complétée, mais sans que l'économie générale s'en trouve le moindrement modifiée.

*
* *

Pour vous permettre, Messieurs, d'apprécier comme il convient les résultats qu'est susceptible d'obtenir la Ville avec le contrat qu'elle va passer, il est indispensable de placer sous vos yeux quelques chiffres qui figurent d'ailleurs au dossier avec tous les détails qu'ils comportent.

La superficie totale à bâtir du projet est de 405,000 mètres carrés. Etant admis que pour la construction on compte 5 mètres par habitant, il s'en suit que l'augmentation de population serait de 80,000 habitants si le tout était bâti et occupé. Or, la population d'Alger ayant doublé en vingt ans, M. de Redon estime qu'il lui faudra une durée de 16 ans pour effectuer son opération.

La superficie totale de la voirie est de 277,000 mètres carrés. La dépense d'établissement, rabais déduit, s'élèvera à 4,709,000 francs, celle de la canalisation, à 415,000 francs, et celle des égoûts, à 347,000 francs, soit au total 5,472,000 francs.

A ce chiffre, il y a lieu d'ajouter :

1° La part d'expropriation de la Ville dans le supplément de voirie du quartier de la Préfecture qui sera d'environ 3,140,000 francs ;

2° La valeur de la surface de voirie du nouveau quartier Bab-el-Oued qui s'élèvera à la somme de 3,650,000 francs, ce qui donne un total de 12 millions se répartissant sur 16 années.

Un état récapitulatif, joint au dossier, fait d'ailleurs connaître pour tous ces quartiers la dépense afférente à chacun d'eux.

Mais, dira-t-on, pour 8,977,866 fr. 82 qu'elle va toucher de la nouvelle Société, la ville aura à dépenser une somme de 12 millions. C'est donc une affaire désastreuse pour elle et il ne convient pas de l'engager dans cette voie.

A cette objection, il est facile de répondre avec des chiffres concluants.

Et d'abord, en traitant avec M. de Redon, la Ville est débarrassée de la préoccupation de la vente de ses terrains et touche annuellement une somme de 897,786 fr. 68, de sorte qu'en neuf années, avec la condition du paiement d'avance de l'annuité, elle aura réalisé le montant de la vente, soit la somme de 8,977,786 fr. 82.

D'autre part, le rabais de 15 °/₀ consenti par la Société sur les travaux de viabilité lui assure une économie certaine de près de 1,500,000 francs.

Elle encaisse également chaque année une moyenne de 100,000 francs de droits de voirie, ces droits s'élevant pour l'ensemble du projet à 1,700,000 francs.

Mais ce n'est pas tout encore. D'autres ressources importantes viennent alimenter la caisse municipale par le fait même de l'accroissement de la population.

A ce sujet, M. de Redon, en vue de mettre à la portée de tous, l'étude de l'économie de son projet, a établi 3 tableaux de progression de la population et des recettes correspondantes : un pour 3,000 habitants, un pour 4,000 et un pour 5,000 :

Il a posé ce principe que chaque habitant rapporte au budget 30 fr.

par an, sinon plus, et alors, si on prend la progression de 5,000 habitants,
la Ville aura encaissée en 16 ans.. ....:......... 20,400,000 fr.
- pour 4,000 habitants........... .... 16,320,000 fr.
et pour 3,000 habitants........ ':.....,..............:..... 12,240,000 fr.
sommes à chacune desquelles, viennent s'ajouter 1,600,000 francs de droits
de voirie et 8.970,000 francs du prix des terrains, soit 10,570,000 francs.

D'où il s'ensuit qu'en 16 années, la Ville est appelée à recouvrer :

Pour une augmentation annuelle de 5,000 habitants 30,970,000 fr.
      Id.   4,000   id.   26,890,000 fr.
      Id.   3,000   id.   22,810,000 fr.

Avec de telles données, basées sur des chiffres revêtant jusqu'à un
certain point un caractère d'exactitude indéniable, la Ville, même avec
l'hypothèse la moins avantageuse est assurée, grâce à l'opération qu'elle
va conclure, de faire face, sans la moindre gêne, à toutes les nécessités
de son développement et de son assainissement. En outre, elle pourra
établir, avec la certitude de le mener à bien, le programme d'ensemble
des grands travaux communaux, tels que réfection totale de la voirie et
des égouts, et adduction des eaux, etc.

Quoiqu'il en soit, il n'est pas douteux que la Ville ne peut pas, par
ses propres moyens, réaliser directement une opération aussi vaste que
celle résultant de l'acquisition des terrains des fortifications. Les essais
qu'elle a tentés dans ce sens sont loin de lui avoir réussi ; l'opération de
la rue Randon en est une preuve convaincante.

La Ville a fait, en effet, dans ce quartier, et sans profit aucun pour
l'embellissement, une opération désastreuse qui s'est traduite par un
déficit au budget de 1,200,000 francs.

Aucun de vous, Messieurs, n'est disposé, je suppose, à recommencer
l'expérience, dans l'intérêt de la commune.

D'ailleurs je ne vois pas une ville s'engageant dans le système de la
spéculation immobilière, surtout quand il s'agit d'une opération colossae
comme la nôtre et je crois que vous êtes de mon avis. La spéculation
réussit entre les mains des particuliers ou des sociétés ; elle devient
désastreuse pour la commune qui l'entreprend.

Ce qu'il faut pour une affaire de ce genre, c'est trouver un intermédiaire capable de mener à bien une œuvre aussi gigantesque et de nature
à donner sur notre place une impulsion considérable au commerce et à
l'industrie.

Or, cet intermédiaire nous l'avons aujourd'hui dans la main ; servons-
nous-en. Ses projets sont connus de tous de longue date jusque dans

leurs moindres détails ; je les qualifierai d'un seul mot, ils sont grandioses, et, le jour où ils auront reçu leur entière exécution, Alger sera devenue une des plus belles villes du monde.

C'est pourquoi vos Commissions réunies des Travaux et des Finances ont examiné avec le plus grand intérêt les projets de M. de Redon. Avec une prudence que je puis dire extrême, elles ont pesé tous les termes du contrat à intervenir, et c'est avec la conviction d'avoir accompli leur devoir en conscience et travaillé pour le bien et la prospérité de la Cité qu'elles vous proposent d'adopter, par un vote unanime, ainsi qu'elles l'ont elles-mêmes fait, la convention qui vous est soumise.

Les propositions de M. de Redon sont d'ailleurs telles qu'on pouvait les désirer, puisqu'il nous paie les terrains au prix qu'ils nous ont coûtés ; elles sont appuyées d'une garantie financière sérieuse, mais, n'aurait-il rien derrière lui, que nous vous proposerions quand même d'approuver son projet, car, ne l'oubliez pas, l'étude et l'adoption du projet de M. de Redon n'arrêteront en rien la vie municipale, par cette raison que la ville peut continuer, sans que rien l'en empêche, à vendre les terrains de la rue d'Isly, jusqu'au jour où le contrat avec M. de Redon recevra un commencement d'exécution.

C'est donc, de part et d'autre, un contrat loyalement consenti et ne pouvant donner lieu à surprise,

J'ai fini, Messieurs, et je n'ai qu'un désir, c'est que nous entrions résolument dans la voie du travail par la conclusion du contrat qui nous est soumis et que nous prouvions à nos détracteurs que si nous sommes ardents dans la lutte, nous avons autant que quiconque, le souci de l'avenir et de la prospérité de notre chère Cité.

Quant à M. de Redon, est-il bien nécessaire de faire ici son éloge ? Vous le connaissez tous et je ne crois pas trop m'avancer, en disant qu'il a les sympathies de la population.

Enfant d'Alger, il veut sa ville natale grande, belle et prospère et par une conception merveilleuse, il nous propose les moyens d'arriver à ce but ; sachons ne pas les refuser à ce concitoyen qui, comme nous tous, est attaché à la bonne ou mauvaise fortune de ce pays.

Le Rapporteur,

ANTONINI.

CONVENTION

CONVENTION

La présente Convention comprend deux parties :

1º Celle relative aux terrains provenant du domaine militaire acquis par la Ville dans les conditions de la Convention du 27 novembre 1891, ratifiée par la Loi du 29 mars 1893.

2º Celle comprenant :

    1º La transformation du quartier de la Préfecture ;

    2º Le prolongement du boulevard de la République, du côté Bab-Azoun ;

    3º La construction d'un boulevard à Bab-el-Oued, par une emprise sur la mer ;

    4º La concession de terrains militaires complémentaires du côté Bab-el-Oued et du côté Bab-Azoun ;

    5º Le déplacement des bastions 2 et 14.

Cette 2ᵉ partie constitue l'avenant à la Convention qui forme un tout.

Les parties contractantes ont été d'avis de scinder ainsi la Convention en deux parties distinctes, dans le but de permettre à la première partie de recevoir son plein effet dès l'approbation par l'autorité supérieure ; la 2ᵉ partie devant nécessiter une série de formalités administratives que la Ville prend l'engagement d'activer le plus rapidement possible.

Entre les soussignés :

M. Auguste CASTARÈDE, 1ᵉʳ adjoint, faisant fonctions de Maire de la Ville d'Alger, y demeurant, agissant aux présentes au nom et pour le compte de la dite Ville, conformément à la délibération du Conseil municipal en date du   1899,

                        D'une part,

Et M. Eugène DE REDON, Ingénieur civil, demeurant à Alger,

                        D'autre part.

Il a été convenu et arrêté ce qui suit :

PREMIÈRE PARTIE

ARTICLE PREMIER. — La Ville d'Alger cède à M. de Redon la totalité des terrains faisant l'objet de la Convention du 27 novembre 1891, déduction faite de ceux déjà aliénés par elle, ainsi que ceux qu'elle entend se réserver pour l'établissement de certains services publics.

Cette cession est faite moyennant le prix de Dix Millions, déduction faite, comme au paragraphe ci-dessus.

Le paiement sera effectué en dix annuités égales.

ART. 2. — La superficie totale des terrains à bâtir cédée, déduction faite des 2/7es affectés à la voirie est de.......................... 223.656 00

Terrains aliénés..................... mètres 6.087 54 ⎫
Terrains conservés par la Ville............. 8.085 46 ⎬ 14.173 00

Reste, surface totale cédée... 209 483 00

(Le détail de ces différentes surfaces est annexé à la présente Convention).

ART. 3. — Du prix initial de..................... fr. 10.000.000 00

Il est déduit :

1° Valeur des terrains aliénés......... fr. 598.592 23 ⎫
2° Valeur des terrains conservés par la Ville. 423.540 95 ⎬ 1.022.133 18

D'où il reste................. 8.977.866 82

(Le détail de ces différentes sommes est annexé à la présente Convention).

ART. 4. — L'annuité à payer par la Société est donc fixée à la somme de huit cent quatre-vingt-dix-sept mille sept cent quatre-vingt-six francs soixante-huit centimes (897.786 fr. 68).

Cette annuité est payable d'avance et par semestre, le 30 Juin et le 31 décembre.

Main-levée de l'hypothèque sera donnée à la Société par la Ville, au fur et à mesure du paiement des annuités.

ART. 5. — Pour garantir l'exécution de l'opération, M. de Redon s'engage et s'oblige à constituer dans le délai de quatre mois, à dater de l'approbation par l'autorité supérieure, de la présente Convention, une Société financière qui devra se substituer à lui.

Art. 6. — La justification de la constitution définitive de la Société sera faite à la Ville, sous peine de déchéance, dans le délai prescrit ci-dessus.

Art. 7. — Pour garantir et assurer l'exécution du présent contrat, la Société s'engage à déposer dans la Caisse municipale, à titre de cautionnement, la somme de un million en valeurs, telles que fonds d'Etat, obligations, cotées à la Bourse et acceptées par la Ville.

Art. 8. — Cette somme de un million sera restituée à la Société lorsque justification sera faite par elle, d'une dépense de cinq millions, effectuée en travaux publics, autres que ceux spécifiés à l'article 13.

Art. 9. — Le dépôt spécifié à l'article 7 sera effectué par la Société dans les quinze jours qui suivront sa constitution définitive.

Art. 10. — La Société percevra les revenus des valeurs déposées pendant la durée de leur dépôt dans la Caisse municipale.

Art. 11. — Dans le cas où la Société ne remplirait pas les conditions stipulées à l'article 9, elle sera déchue de tous ses droits au présent traité qui deviendrait ainsi nul et de nul effet.

Art. 12. — La Société s'engage à observer dans les constructions qu'elle édifiera, le règlement de voirie en vigueur. Elle pourra également vendre, à son gré, toutes superficies de terrains, mais avec stipulation de construire dans un délai qui ne pourra dépasser une année.

Art. 13. — La Société prend l'engagement, vis-à-vis de la Ville, d'exécuter pour son compte tous les travaux de voirie, d'égoûts, de canalisation des eaux et de viabilité, d'après les prix du bordereau actuellement en vigueur, avec un rabais de quinze pour cent.

Art. 14. — Le compte des travaux ainsi exécutés viendra en déduction du montant de l'annuité fixée à l'article 4, sans que cette annuité puisse être supérieure à trois cent mille francs.

Art. 15. — Au cas où la Société ne ferait pas face au paiement de l'annuité prévue à l'article 4, la Ville prendrait, de droit, hypothèque sur les terrains et immeubles appartenant à la Société.

ART. 16. — Sont approuvés les plans joints à la présente convention.

ART. 17. — Tous les avantages qui, ultérieurement, pourraient être consentis à la Ville, du fait de la Convention du 27 novembre 1891, seront partagés par moitié entre la Ville et la Société.

ART. 18. — Les frais d'enregistrement de la présente convention seront à la charge de la Société.

Fait double et de bonne foi.

Alger, le   1899.

Le 1er Adjoint faisant fonctions de Maire

Le Concessionnaire,

AVENANT

Entre les soussignés :

M. Auguste CASTARÈDE, 1er adjoint, faisant fonctions de Maire de la
Ville d'Alger, y demeurant, agissant aux présentes au nom et pour le
compte de la dite Ville, conformément à la délibération du ConseilMuni-
cipal en date du   1899,

D'une part,

Et M. Eugène de REDON, Ingénieur civil, demeurant à Alger,

D'autre part.

Il a été convenu et arrêté ce qui suit :

Article premier. — A la Convention ci-dessus, est ajouté, pour en
compléter l'ensemble, l'Avenant ayant pour objet :

1° La transformation du quartier de la Préfecture ;
2° Le prolongement du boulevard de la République du côté Bab-
Azoun.
3° La construction d'un boulevard à Bab-el-Oued par une emprise
sur la mer.
4° La concession de terrains militaires complémentaires du côté Bab-
el-Oued et du côté Bab-Azoun ;
5° Le déplacement des bastions 2 et 14.

Art. 2. — Sont approuvés en principe, sauf modifications après
enquêtes, les plans joints au présent contrat.

Quartier de la Préfecture.

ART. 3. — La Société s'engage et s'oblige :

1° A supporter tous les frais d'expropriations ;

2° A démolir, après expropriation, et au fur et à mesure des besoins, les immeubles dont elle aura pris possession après paiement de l'indemnité.

ART. 4. — A opérer :

1° Les alignements et nivellements tels qu'ils seront indiqués aux plans après adoption définitive ;

2° A effectuer le lotissement de tous les terrains ;

ART. 5. — A réédifier les constructions au fur et à mesure des expropriations ou à les faire réédifier à ses acquéreurs.

ART. 6. — A effectuer avec un rabais de quinze pour cent, sur les prix du bordereau actuellement en vigueur :

1° Tous les travaux de viabilité des rues et places à ouvrir ;

2° Le réseau d'égoûts ;

3° La pose de toutes les conduites de canalisation des eaux, de toutes les fontaines, bouches à incendie et accessoires.

ART. 7. — La Commune se réservant expressément la propriété des trésors, médailles et monnaies antiques, armes, statues, objets d'archéologie et d'art qui viendraient à être découverts dans les fouilles et nivellements exécutés pendant la durée des travaux, la Société s'engage à remettre les dits objets à la Commune.

ART. 8. — La Société prendra lieu et place de la Commune dans les engagements qu'elle a avec la Compagnie anglaise des voûtes en ce qui touche la Pêcherie ; elle sera tenue de remplir, vis-à-vis de cette Compagnie, les conditions actuellement imposées à la Commune.

ART. 9. — La Société s'engage à ne démolir les deux mosquées, Hanéfi et Maléki, qu'après leur reconstruction sur des points à fixer dans la ville arabe.

ART. 10. — Enfin, la Société s'engage à verser à la Commune la somme nécessaire à l'expropriation des propriétaires ou les indemnités.

aux locataires déplacés. Ces versements auront lieu dans les conditions fixées par l'Ordonnance du 1er octobre 1844.

Art. 11. — La Ville, de son côté, s'engage, vis-à-vis de la Société, à lui payer :

1º D'après les prix d'expropriation payés par la Société et dont justification sera faite par elle, les terrains en augmentation de la surface de voirie actuellement existante ;

2º Le montant des frais de voirie et de viabilité conformément aux conditions stipulées à l'art. 6.

Art. 12. — La Commune devant prendre lieu et place de la Société, conformément à la loi, dans tout ce qui concerne l'expropriation pour cause d'utilité publique, il importe d'arrêter ses obligations vis-à-vis de la Société.

Art. 13. — M. Castarède, au dit nom, oblige donc la Commune, aussitôt l'approbation du présent contrat par l'autorité supérieure, à poursuivre activement les démarches tendant :

1º A poursuivre les enquêtes nécessaires aux modifications à apporter à la voirie d'après les plans annexés au présent contrat ;

2º L'ouverture des enquêtes réglementaires en vue de la déclaration d'utilité publique des travaux ;

3º A demander la déclaration d'utilité publique ;

4º A remplir les formalités d'expropriation conformément à la Loi.

Art. 14. — M. Castarède, au dit nom, oblige de plus la Ville à poursuivre les expropriations comme il est dit à l'article 13, sans interruption, à la requête de la Ville et conformément à la Loi, pour le compte de la Société, sur un état des parcelles à exproprier fourni par la Société au moins trois mois à l'avance et approuvé par la Ville ; le dit état comprendra pour chaque immeuble sa contenance et son évaluation.

Art. 15. — L'offre d'indemnité basée sur l'état d'évaluation des immeubles fourni par la Société, sera faite par la Ville pour le compte de la Société.

L'état des sommes offertes par la Ville pour indemnités d'expropriations et indemnités aux locataires, usagers et usufruitiers sera remis à la Société qui seule, demeurera libre d'accepter ou de contester la réponse aux offres faites par la Commune, au nom de la Société.

La Société devra consigner, le cas échéant, toutes les indemnités fixées dans l'état indicatif fourni par elle.

Art. 16. — En cas de contestations entre les propriétaires ou usagers et la Société au sujet de la fixation des indemnités de toute nature, le différend sera porté par la Ville sur la demande et sous la responsabilité de la Société vis-à-vis de la Commune, devant le Tribunal de 1re instance, le tout, aux frais avancés de la Société.

Art. 17. — La Société sera représentée par son Directeur ou son délégué à toutes les opérations d'expropriations et leurs suites.

Art. 18. — La Ville, conformément à son traité avec la Compagnie du Gaz, s'engage à faire placer par la dite Compagnie, les conduites et appareils à gaz nécessités par les travaux de transformation.

Art. 19. — Une surface de 1.500 mètres carrés, prise du côté de la rue C, sur le lot n° 15, est réservée pour la construction d'un groupe scolaire. La valeur du terrain à payer par la Ville à la Société est fixée au prix d'expropriation de cette partie du quartier.

Prolongement du Boulevard de la République du côté Bab-Azoun.

Art. 20. — La Société s'engage à prolonger à ses frais le Boulevard de la République conformément aux plans ci-annexés.

Les frais d'expropriation de l'ancienne prison du Lazaret seront à sa charge, ainsi que ceux des immeubles compris dans cette partie du projet.

Art. 21. — La Société fait abandon à la Ville des terrains tombant dans la voirie.

Art. 22. — Les frais d'établissement de la voirie seront supportés par la Ville, conformément aux conditions stipulées à l'article 6.

Construction d'un Boulevard à Bab-el-Oued
par une emprise sur la mer.

Art. 23. — La Société s'engage à construire à ses frais l'emprise à Bab-el-Oued conformément aux plans ci-annexés et à supporter les frais d'expropriation des immeubles compris dans cette partie du projet.

Art. 24. — La Ville s'engage à payer à la Société les surfaces de voirie de ce quartier nouveau ; le prix du mètre est fixé à cinquante francs.

Art. 25. — La Société exécutera les travaux de voirie et de viabilité dans les conditions stipulées à l'article 6.

Art. 26. — Le lot n° 10 dont la surface est de 3,980 mètres, est réservé pour la construction d'un Palais des Beaux-Arts et Musée. La Société s'engage à le vendre à la Ville au prix de cinquante francs le mètre carré.

Passé le délai de trois ans à dater de la fin des travaux de l'emprise, la Société pourra disposer de ce lot si la Ville ne s'en est pas rendue acquéreur.

Concession de terrains militaires complémentaires
du côté Bab-el-Oued et du côté Bab-Azoun et déplacement
des Bastions 2 et 14.

Art. 27. — La Ville prend l'engagement vis-à-vis de la Société de poursuivre, dans l'intérêt même de la transformation de la Ville, la cession des terrains complémentaires tels qu'ils sont indiqués aux plans, ainsi que le déplacement des Bastions 2 et 14.

Art. 28. — Une fois en possession de ces terrains, le partage entre la Ville et la Société en sera fait conformément à l'article 17 de la Convention, c'est-à-dire par moitié pour chacune des parties contractantes, après défalcation des frais de reconstruction des bastions 2 et 14.

Art. 29. — La voirie établie sur ces terrains, le sera dans les conditions stipulées par l'article 6.

Fait double et de bonne foi.

Alger, le   1899.

Le Concessionnaire,

Le 1ᵉʳ Adjoint faisant fonctions de Maire,

ANNEXES

ANNEXES

Etat des terrains aliénés et de ceux que la Ville se réserve en conformité des articles 2 et 3 de la convention.

1° TERRAINS ALIÉNÉS

		Superficie	Valeur
Lot n° 1. —	Axiach	278 27	7.652 43
— 2. —	Echange Bégey	1.370 32	37.683 80
— 6. —	Rue d'Isly	929 65	92.965 »
— 12. —	Cornet	118 »	1 180 »
— 15. —	Caserne Lemercier	2.490 »	400.000 »
— 16. —	Pilotage	222 »	22.200 »
— 20. —	Parcelle	82 30	7.407 »
— 22. —	Pastène	223 »	12.280 »
— 23. —	Perez Urios	73 »	730 »
— 25. —	Maison rue des Mameluks	94 »	7.000 »
— 26. —	Maison rue de Tombouctou	114 »	5.460 »
— 27. —	Maison rue Sidi-Ramdan	93 »	4.034 »
	Totaux	6.087 54	598.592 23

2° TERRAINS CONSERVÉS PAR LA VILLE.

Côté Bab-el-Oued.

Nos des lots du Projet.		Superficie.	Valeur.	
19.	Groupe Scolaire	1.425ᵐ00 à 67,50	96.187 50	
28.	Poste des Pompiers	488ᵐ14 à 27,50	13.423 85	
2.	Ecole des Sourds-Muets	1.000ᵐ00 à 1,75	1.750 00	
	Totaux	2.913ᵐ14 ci 2.913ᵐ14.	111.361 35	— 111.361 35

Côté Bab-Azoun.

Nos des lots du Projet.		Superficie.	Valeur.	
14.	Ligue de l'Enseignement	2.774ᵐ50 à 55,00	152.597 50	
29.	Groupe scolaire	1.392ᵐ60 à 60,00	83.556 00	
15	Justices de Paix	600ᵐ00 à 55,00	33.000 00	
31.	Poste des Pompiers	115ᵐ22 à 5,00	576 10	
	Totaux	4.882ᵐ32 ci 4.882ᵐ32..	269.729 60	— 269.729 60

Lot n° 4 de la convention de 1891, Maison rue Scipion. 290ᵐ00 — 42.450 00

ENSEMBLE 8.085ᵐ46 — 423.540 95

Alger. — Imprimerie Orientale Pierre Fontana et Compagnie, 29, rue d'Orléans. — 6-99.

* 9 7 8 2 0 1 3 2 4 5 5 0 0 *